エネルギーと私たちの暮らし

① いろいろなエネルギー

監修：竹内純子

保育社
HOIKUSHA

はじめに

　朝起きてから夜寝るまで、私たちの暮らしはエネルギーに支えられています。たとえば朝起きてトイレに行けば電気を使いますし、朝ごはんの調理にもガスや電気が必要です。学校の教室が明るいのは電気がついているからですし、校庭の花や木が成長するためにも、それぞれ必要に応じてエネルギーを使っています。

　私たちの暮らしに、エネルギーは欠かすことができないのです。

　にもかかわらず、私たちは、エネルギーのことをあまりよくわかっていないのではないでしょうか。

　この本には、エネルギーとは何かという基本的な知識から、エネルギーの生まれ方と生み出すもと、そして最新のエネルギー事情まで、絵や図をたくさん使って幅広くわかりやすく書かれています。

　ぜひこの本を読み、たくさんのエネルギーに関する知識を身につけながら、身の回りのエネルギーについても、多くの関心を寄せてください。

この本の使い方

　この本では、説明文の補助として絵や図をたくさん使っています。エネルギーの話は少し難しい部分があるので、よりみなさんが理解しやすくなる工夫がしてあります。順番に読み進めていけば、エネルギーの全体像をつかみ、さらに細かい内容まで理解できるようになっています。

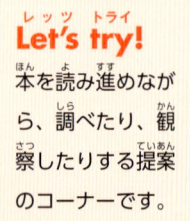

Let's try!
本を読み進めながら、調べたり、観察したりする提案のコーナーです。

本の内容に関係していて、さらに知りたくなる内容をのせています。

⚡ もくじ

＊この本の内容や情報は制作時点（2024年12月）のものであり、今後内容に変更が生じる場合があります。

エネルギーって

光エネルギー

光によって発生する動かす力のこと。太陽の光を使って電気を作る太陽光発電などはこのエネルギー。

化学エネルギー

化学変化によって発生する動かす力のこと。ごはんを食べて体の中に生まれるのもこのエネルギー。

音エネルギー

音が出す振動によって発生する動かす力のこと。

位置エネルギー

高いところにあるものがもつ力のこと。高ければ高いほど、エネルギーが大きい。高いところからものを落としたりすることでも発生する。

なんだろう?

エネルギーは何かを動かす力のことです。私たちの暮らしに欠かせないエネルギーには、いろいろな種類があります。学校のあちこちでも、エネルギーが使われているのを見ることができます。

電気エネルギー

電気によって発生する動かす力のこと。電気が流れることで力が生まれ、エネルギーとなる。電化製品などは電気エネルギーで動く。

熱エネルギー

熱によって発生する動かす力のこと。高い温度から低い温度に動くときに発生する。

運動エネルギー

動くことで発生する力のこと。動いているものはすべて運動エネルギーをもっている。

身近なエネルギーを見てみよう

一歩外に出れば、街ではたくさんのエネルギーが使われています。暮らしを支えるのはもちろん、産業や工業、農業など、ものを生み出し、動かすことにもエネルギーはたくさん使われています。

Let's try!
きみの街では、どんなところにエネルギーが使われているかな？
調べてみよう！

⚡ 街の中はたくさんのエネルギーが使われている

　私たちの暮らす街や地域は、たくさんのエネルギーによって支えられています。移動や運送に使う自動車やバス、飛行機などの乗り物や、日々の買い物で使うお店など、暮らしを便利にするためにエネルギーは欠かすことができません。また、信号や街灯など、安全に暮らすための道具にも、たくさんのエネルギーが使われています。

ロケット
発電所
港
船
工場
公園
球場
新幹線
街灯

街中のいろんなところに
エネルギーが使われているね！

飛行機

空港

AIRPORT

HOTEL

学校

駅

店

家

電車

ふん水

ビル

信号機

車

農地

家の中ではどんなエネルギーを使っている?

家の中には、テレビやエアコンなど、たくさんの製品があります。「電気」や「ガス」などを使って動かす道具によって、私たちは便利で楽しく暮らすことができます。

Let's try!
きみの家の中ではどんなエネルギーが使われているかな?
調べてみよう!

電気 エアコン
電気 照明
電気 電子レンジ
ガス・電気 シャワー
電気 洗濯機
ガス・電気 お風呂

家庭での
エネルギー使用の例

家の中で一番使われているエネルギーは「電気」

照明器具、エアコン、テレビ、洗濯機、冷蔵庫……よく家で見かける製品ですが、そのほとんどが「電気」を使って動く製品であることがわかります。もし電気がなくなったら……大変なことになりますね！

電子レンジ

パソコン

照明

洗濯機

電気を手に入れて生活はとても便利に！

昔は、家での仕事のほとんどを人の手で行っていました。そのためすべてを終えるのに、何時間もかかっていました。しかし、1955（昭和30）年ごろから日本の経済が大きく成長し、人びとの生活はとても豊かになりました。それまで一部の人しか使えなかった電化製品を、みんなが持てるようになり、便利で楽に暮らせるようになったのです。

電気
冷蔵庫

ガス・電気
コンロ・IH調理器

電気
テレビ

電気
パソコン

石油
車

家の中のエネルギーをくわしく見てみよう

家ではたくさんのエネルギーに助けられて、便利に暮らせることがわかりました。家の中で使われている主なエネルギーは3つ、「電気」「ガス」「石油」です。

① 電気

家の中で一番使うエネルギー。最近では、家の中すべてが電気で動くオール電化住宅という家も作られています。

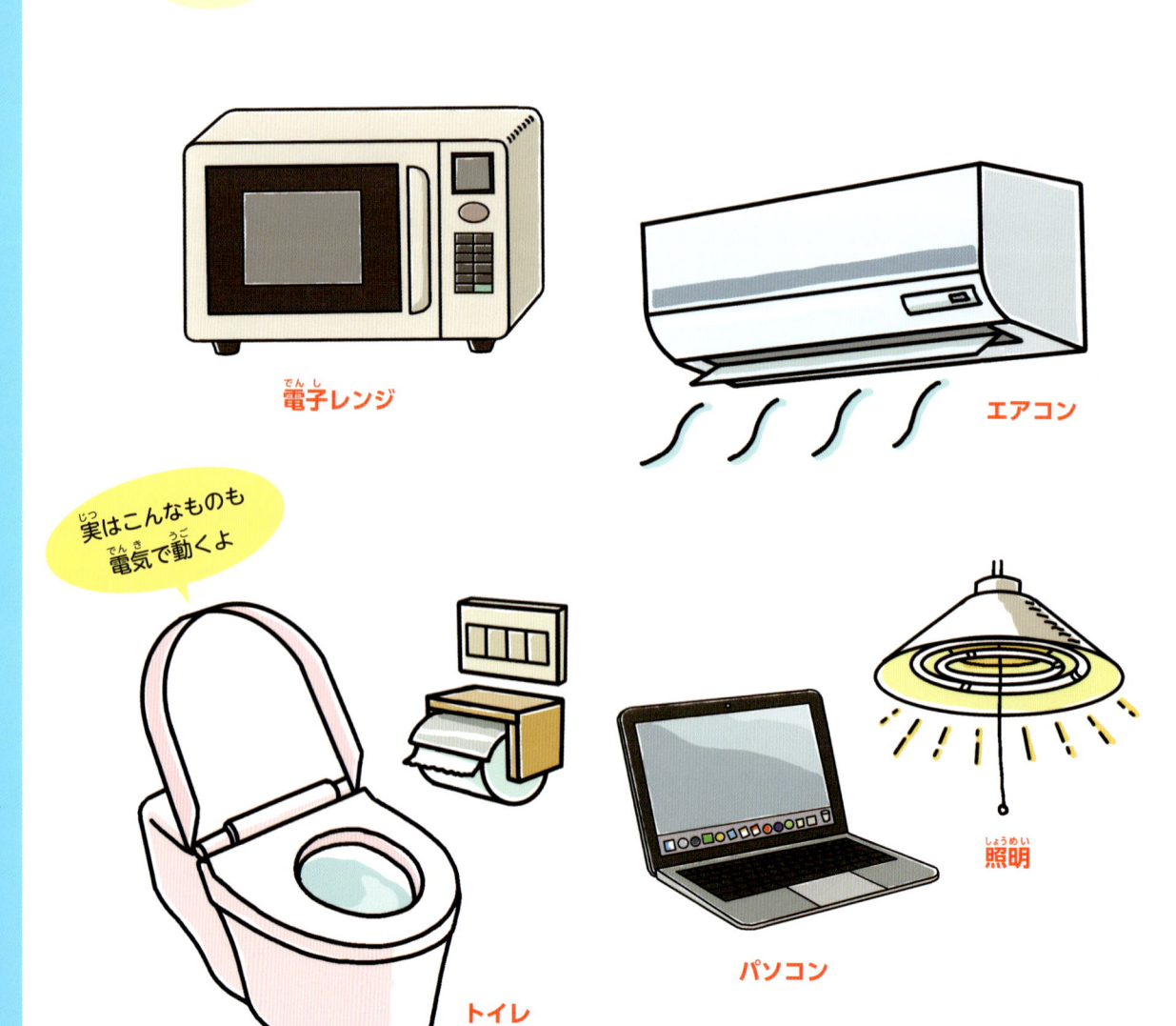

電子レンジ

エアコン

実はこんなものも電気で動くよ

トイレ

パソコン

照明

2 ガス

主に火を使う道具を動かすエネルギーです。お湯をわかす道具、台所で料理をするときに使う道具などに使われています。

ガスコンロ

湯わかし器

ガスファンヒーター

3 石油

火を起こす、動かすなどのエネルギーのもとになっている石油。家庭では主に、暖房器具や車で使われます。

石油ストーブ

Let's try!

きみの家で3つのエネルギー以外で動く製品はある？見つけられたらすごいね！

探してみよう！

車

電気ってなんだろう？

私たちの暮らしの中心に電気があることがわかりました。さて、電気はどうやって「動かす力」になるのでしょうか？　電気の正体にせまります。

1 電気の正体は小さなつぶ

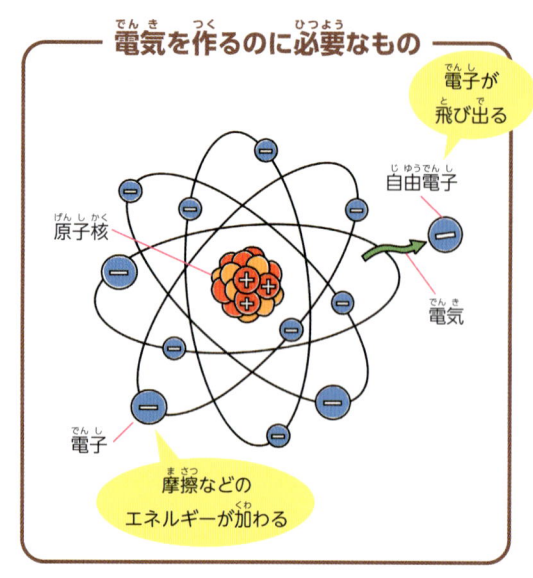

電気を作るのに必要なもの

電子が飛び出る

自由電子

原子核

電気

電子

摩擦などのエネルギーが加わる

原子は、世の中にある物質を構成している一番小さな存在です。

その中心は、原子核と呼ばれています。

原子核は＋（プラス）の電気をもっていて、そのまわりを－（マイナス）の電気をもっている電子がぐるぐる回っています。この時点では原子核の＋の電気と電子の－の電気の数は同じで、その結果、この物質は電気が打ち消しあって「中性」という状態になっています。外からなんらかの力が加えられて電子が飛び出したその動きのことを「電気」と呼びます。

2 電気はどうやって流れるの？

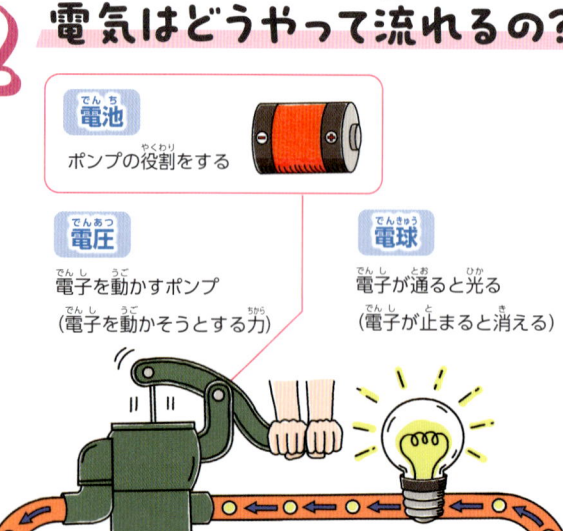

電池
ポンプの役割をする

電圧
電子を動かすポンプ
（電子を動かそうとする力）

電球
電子が通ると光る
（電子が止まると消える）

金属

電流

どんな物質にも電子は存在しています。特に－の電気をもっている電子が通りやすい物質は伝導体と呼ばれ、主に金属が多いのが特徴です。

電子が金属の中を流れることを電流と呼びます。

③ 電気は変化する

電気はいろいろな用途でもちいることができることから、エネルギーの主役といえます。主に光エネルギー、熱エネルギーなどに変化し、いろいろな道具を動かします。

電気エネルギー ➡ 光エネルギー

光を発するエネルギーに変化します。照明はこのエネルギーを利用します。

電気エネルギー ➡ 位置エネルギー

物質の位置を動かすエネルギーに変化します。エレベーターはこの原理を使っています。

電気エネルギー ➡ 熱エネルギー

熱を発するエネルギーに変化します。アイロンや調理器具などに使われます。

電気エネルギー ➡ 運動エネルギー

物質を動かすエネルギーに変化します。扇風機や洗濯機などが代表例です。

④ 電気は発電所で作られる

日々の暮らしに欠かせない電気。電気はどこでどんなふうに作られているのでしょうか。かんたんにできる電気の作り方をご紹介します。

電気の作り方

コイル（導線をグルグルまいたもの）の中で、磁石を回すことで、電気を作ることができます。

電気を作るのに必要なもの

① 磁石（＋と－の電子の流れを作る）
② コイル（電気を通す金属）
③ 回転する力

磁石をグルグル回すよ

発電所はこのしくみを使って電気を作る

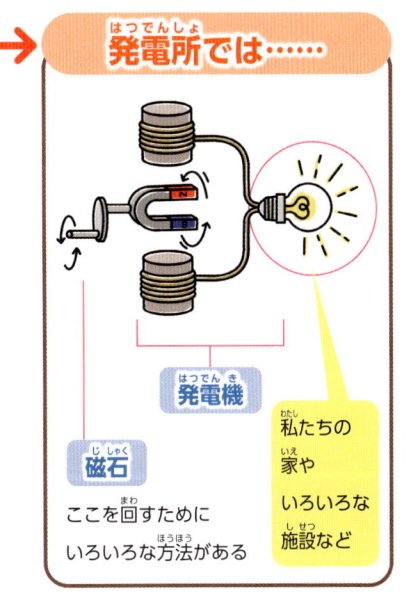

発電所では……

発電機

磁石
ここを回すためにいろいろな方法がある

私たちの家やいろいろな施設など

電気は別のエネルギーから生まれる

朝起きてから夜寝るまで、毎日の暮らしに欠かせない電気。実は別のエネルギー（資源）から作られていることを知っていますか？

⚡「一次エネルギー」と「二次エネルギー」って？

エネルギーは「一次エネルギー」と「二次エネルギー」とに分けられます。「一次エネルギー」は自然から直接得ることができるエネルギーのこと。二次エネルギーは、一次エネルギーから私たちが使えるエネルギーのかたちに加工したものです。

一次エネルギー

石油　　水力

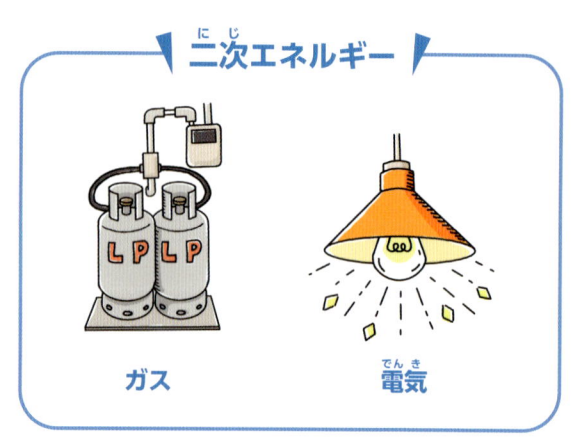

二次エネルギー

ガス　　電気

⚡電気はいろいろなエネルギーから作られる

電気の多くは「タービン」を、いろいろなエネルギーを使って回すことで作られます。

発電するためには回転する力が必要

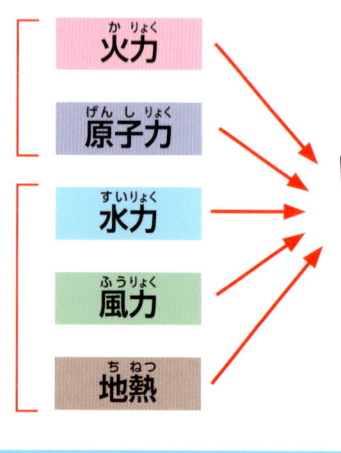

石油・石炭・天然ガス・ウランなどの資源

| 火力 |
| 原子力 |

自然界に存在する資源が起こすエネルギー
（再生可能エネルギー）

| 水力 |
| 風力 |
| 地熱 |

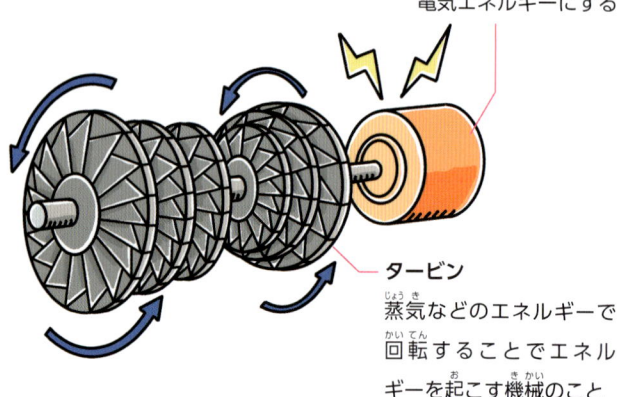

発電機
これを使って電気エネルギーにする

タービン
蒸気などのエネルギーで回転することでエネルギーを起こす機械のこと

発電するために必要なエネルギーは主に2種類、水や風など自然の力を使った方法と火や原子力を使った方法があります。日本では、火の力を使う発電方法が一番多く使われています。

1 水など自然の力を使う発電

水、風、太陽光など自然界の資源（一次エネルギー）が起こす現象が生み出すエネルギーで電気（二次エネルギー）を作ります。たとえば水力発電は、水が高いところから落ちる「位置エネルギー」の力を使ってタービンを回して発電します。

水力発電所

水が高い位置から落ちる力を使ってタービンを回すよ。

2 火や原子力を使った発電

火力や原子力が生み出す「熱エネルギー」を使って水をふっとうさせて、そこから出る蒸気の力でタービンを回して発電します。火力や原子力は、化石エネルギー（石油や石炭、ガスなど）やウランなどの一次エネルギーを燃料にします。

原子力発電所

火で水を熱するとぼう張する、蒸気の力を利用してタービンを回す。

エネルギーの歴史

ここからは人類とエネルギーの歴史について見てみましょう。初めて人類がエネルギーを使ってから今までにどんな変化が起きたのでしょうか？

エネルギーの変換！

人力の利用

100〜150万年前

火の発見

自然現象から
火を発見し、
その後火を使って
調理などを行う。

火山や山火事など
自然現象から
火を見つけたと
言われているよ

古代〜15世紀以降

自然エネルギーの利用
（風、水など）

水車や風車などの力で
エネルギーを起こす。
風の力を利用した
帆船なども活躍。

紀元前5000年ごろ〜

農業スタート
家畜の力を使う

牛や馬などの力で
エネルギーを
起こしていた。

16世紀ごろ〜
石炭（せきたん）

ジョージ・スティーブンソンの発明（はつめい）で蒸気機関車（じょうききかんしゃ）が実用化（じつようか）された

イギリスで石炭（せきたん）がエネルギーとして使（つか）われるようになる。

エネルギーの大変換（だいへんかん）！

21世紀（せいき）〜
再生可能（さいせいかのう）エネルギー
（P34-35参照（さんしょう））

燃料（ねんりょう）が不要（ふよう）で発電（はつでん）の時（とき）に二酸化炭素（にさんかたんそ）を出（だ）さない再生可能（さいせいかのう）エネルギーが注目（ちゅうもく）される。

16世紀（せいき）
電気登場（でんきとうじょう）！

環境（かんきょう）に負荷（ふか）が少（すく）ないエネルギーに

20世紀（せいき）〜
天然（てんねん）ガス・原子力（げんしりょく）

石油（せきゆ）よりも二酸化炭素排出（にさんかたんそはいしゅつ）が少（すく）ないクリーンなエネルギーとして注目（ちゅうもく）される。

18世紀（せいき）　産業革命（さんぎょうかくめい）

石炭（せきたん）がエネルギーの中心（ちゅうしん）に。工業化（こうぎょうか）が一気（いっき）に進（すす）んだ。

地球温暖化（ちきゅうおんだんか）がさけばれるように

19世紀（せいき）〜　石油（せきゆ）

エネルギーの中心（ちゅうしん）が石油（せきゆ）に。ディーゼル機関車（きかんしゃ）や車（くるま）が発明（はつめい）され第二次産業革命（だいにじさんぎょうかくめい）が起（お）こる。

日本（にほん）では2回（かい）の石油危機（せきゆきき）があり、エネルギーを見直（みなお）す動（うご）きが出（で）たよ

エネルギーのもと
エネルギー資源

ここからは、電気やいろいろなエネルギーのもとになる、一次エネルギーである資源について考えてみましょう。自然の中にはたくさんのエネルギーが存在しています。どんなふうに変化するのでしょうか？

風車
風の運動エネルギー
➡ 電気エネルギーに変化

森林
太陽の光エネルギー
➡ 光合成で化学エネルギーに変化

水車
水の位置エネルギー
➡ 電気エネルギーに変化

土の中
石炭・石油・天然ガス（エネルギーのもと）
➡ いろいろなエネルギーに変化

すべての エネルギーの もとは太陽（たいよう）

太陽（たいよう）エネルギー
➡ 光（ひかり）エネルギー、熱（ねつ）エネルギーなどに変化（へんか）

里山（さとやま）

光（ひかり）エネルギー ➡ 化学（かがく）エネルギーにして作物（さくもつ）などを成長（せいちょう）させる
食（た）べ物（もの）を食（た）べて、化学（かがく）エネルギー ➡ 運動（うんどう）エネルギーに変化（へんか）

海（うみ）

太陽（たいよう）の熱（ねつ）エネルギー
➡ 海水（かいすい）があたためられて雲（くも）や台風（たいふう）が生（う）まれ、さまざまな
自然現象（しぜんげんしょう）が起（お）き、いろいろなエネルギーに変化（へんか）

海（うみ）の中（なか）

石油（せきゆ）・天然（てんねん）ガス（エネルギーのもと）
➡ いろいろなエネルギーに変化（へんか）

いろいろなエネルギー資源

ここからは、いろいろなエネルギー資源について見ていきましょう。これまで石油などが中心だったエネルギー資源は、少しずつ変わり始めています。

⚡ エネルギー資源の種類

エネルギー資源は大きく2つに分けられます。化石からできた化石エネルギーと、それ以外の非化石エネルギーです。化石エネルギーが使われ始めて、世界は産業化が進み発展しましたが、その一方で大気汚染や地球温暖化などの問題を引き起こしました。

化石エネルギー

石油、石炭、天然ガスなど。火力発電で電気を生み出したり、車や飛行機などでも使われたりしている。大きなエネルギーを生み出すが、二酸化炭素の排出が問題になっている。

石油　石炭　天然ガス

非化石エネルギー

原子力エネルギー

核分裂を起こすときに出るエネルギー（熱）を使って発電する。

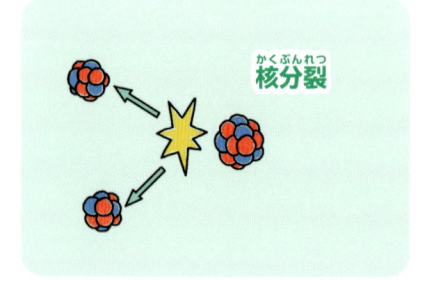

核分裂

再生可能エネルギー

発電のとき二酸化炭素が出ないエネルギーとして注目されている。太陽光や水力など自然エネルギーがもとになっている。

太陽光　水力　風力

バイオマス　地熱など

⚡ 日本のエネルギー資源で一番使われているのは？

　日本でもっとも使われているエネルギー資源は、石油です。石油は主に、火力発電の燃料や、ガソリン、灯油などに使われています。その次に石炭、天然ガスと続きます。

　東日本大震災の時に原子力発電所の事故があり、再生可能エネルギーの導入も急速に進みましたが、安定的に電力を供給できる化石エネルギーの利用が増えています。

　日本はエネルギー資源がとても少なく、エネルギー自給率は13.3%（2021年）で、そのほとんどを外国から輸入しています。

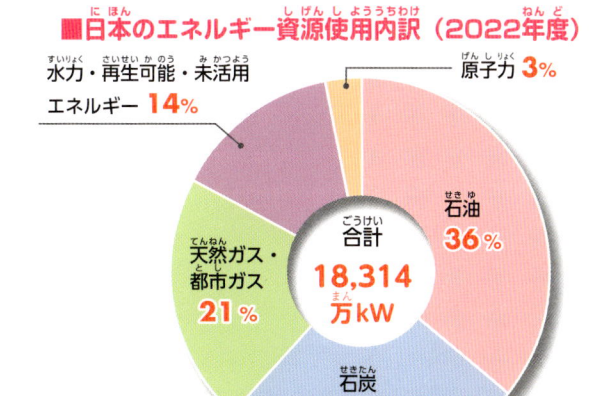

■日本のエネルギー資源使用内訳（2022年度）

- 水力・再生可能・未活用エネルギー **14%**
- 原子力 **3%**
- 石油 **36%**
- 天然ガス・都市ガス **21%**
- 石炭 **26%**
- 合計 **18,314** 万kW

出典：経済産業省「エネルギー白書2024」（図【第211-1-3】）
日本のエネルギーバランス・フロー概要（2022年度）のデータより作成
資料：資源エネルギー庁「総合エネルギー統計」を基に作成

⚡ 世界のエネルギー消費状況

　世界で一番エネルギーを使っているのは中国で、一番多く使われているエネルギー資源は石炭です。2位のアメリカでは、石油と天然ガスが多く使われています。3位は人口が世界一のインドです。石炭が最も多く使われています。4位にロシア、日本は5番目のエネルギー消費国です。使用エネルギーの中心は石油などの化石エネルギーです。

■主要国の一次エネルギー構成

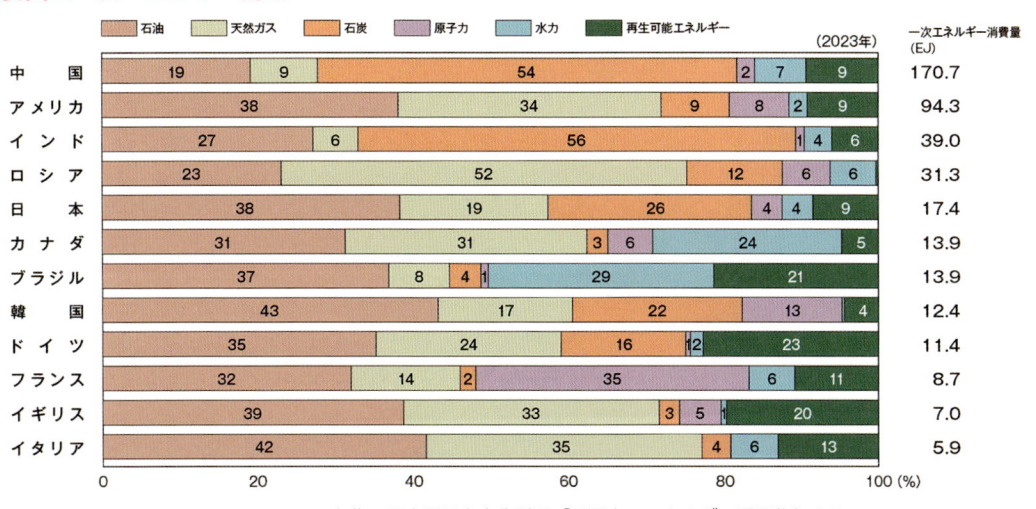

	石油	天然ガス	石炭	原子力	水力	再生可能エネルギー	一次エネルギー消費量 (EJ)
中　　国	19	9	54	2	7	9	170.7
アメリカ	38	34	9	8	2	9	94.3
イ ン ド	27	6	56	1	4	6	39.0
ロ シ ア	23	52	12	6	6		31.3
日　　本	38	19	26	4	4	9	17.4
カ ナ ダ	31	31	3	6	24	5	13.9
ブラジル	37	8	4 / 1	29		21	13.9
韓　　国	43	17	22	13	4		12.4
ド イ ツ	35	24	16	12	23		11.4
フランス	32	14	2	35	6	11	8.7
イギリス	39	33	3	5 / 1	20		7.0
イタリア	42	35	4	6	13		5.9

（2023年）

出典：日本原子力文化財団「原子力・エネルギー図面集」より。
Energy Institute「Statistical Review of World Energy 2024」を基に作成

化石エネルギーができるまで

世界のエネルギーの中心である化石エネルギーは、長い年月をかけて海中や地中で作られます。化石エネルギーがどうやってできるのか見てみましょう。

数億年前

大昔の動物や微生物、プランクトンなどの死がい、木や植物などが海底にたまり、長い時間をかけて、地下の深いところに埋まっていく

数千年前

土砂が重しとなって圧力がかかったり、地熱で温められたりしながら、長い年月をかけて変化していく

現在

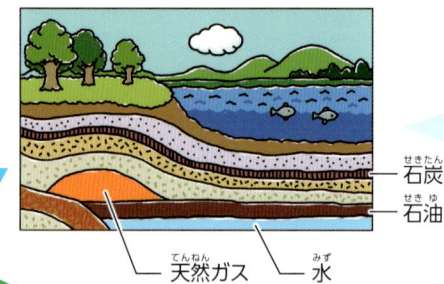

石炭
石油
天然ガス　　水

動物の死がいやプランクトンなどは、石油や天然ガスになってすき間の多い砂岩の中にたまり、木や植物は石のように硬くなり、石炭に変化する

ついでに勉強！COLUMN　化石エネルギーがなくなるかもしれないの？

化石エネルギーは、無限に使えるわけではありません。埋蔵量は毎年変化しますが、2022年は石油53.3年分、石炭139年分、天然ガス48.8年分というデータでした。今、世界中で代わりのエネルギーの使用を検討しています。

石油
53.3年分

石炭
139年分

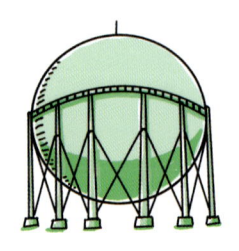

天然ガス
48.8年分

出典：Energy Institute「Statistical Review of World Energy 2023」を基に作成
（埋蔵量データは2022年版から更新なし）

化石エネルギーが私たちの暮らしにとどくまで

地中や海中から採掘された化石エネルギーは、長い時間をかけて外国から運ばれます。そのあと加工され、別のエネルギーに生まれ変わって私たちにとどきます。

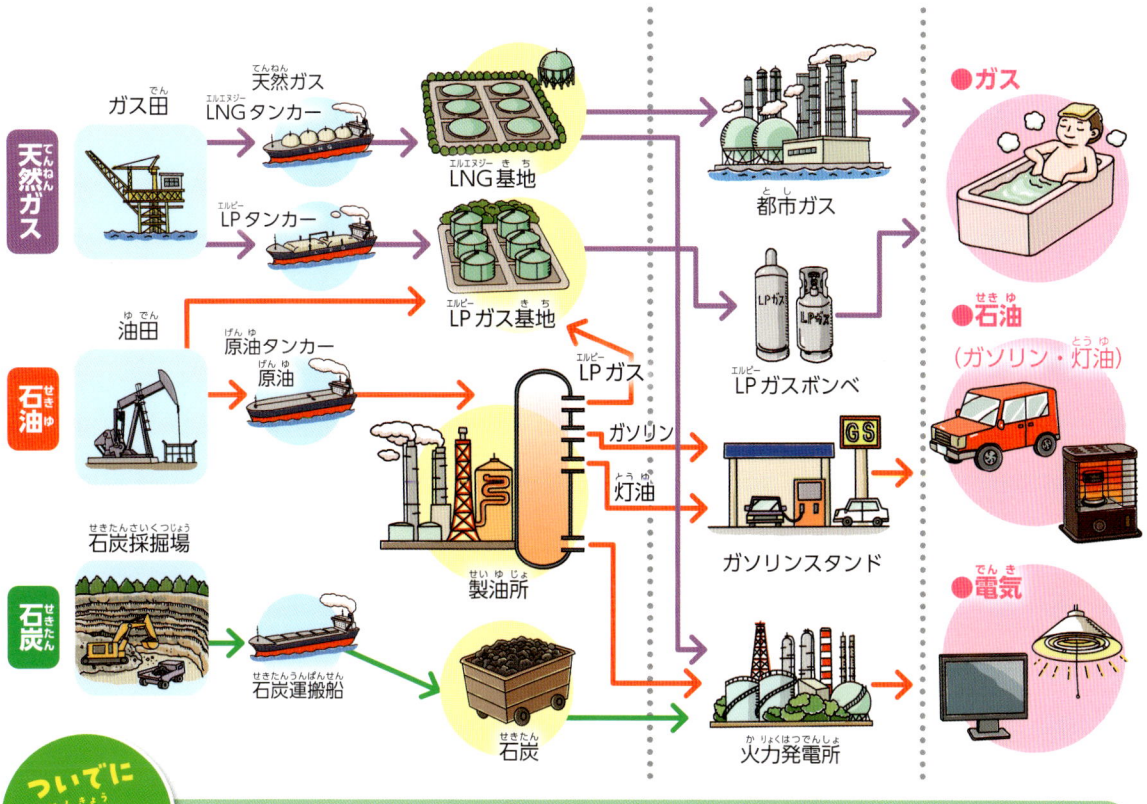

天然ガス
- ガス田 → 天然ガス LNGタンカー → LNG基地 → 都市ガス
- 油田 → LPタンカー → LPガス基地 → LPガスボンベ

石油
- 油田 → 原油タンカー 原油 → 製油所 → LPガス / ガソリン / 灯油 → ガソリンスタンド

石炭
- 石炭採掘場 → 石炭運搬船 → 石炭 → 火力発電所

- ●ガス
- ●石油（ガソリン・灯油）
- ●電気

ついでに勉強！ COLUMN
日本で化石エネルギーがとれるところ

　日本でも、わずかですが天然ガスをとることができます。現在日本で天然ガスが産出されているのは、新潟県、千葉県、宮崎県などです。特に新潟県は、貴重な天然ガスの産出地として昔から開発されてきました。また、石油も少しだけとることができ、油田は日本海側に集中しています。

岩船沖油ガス田（新潟県）

エネルギー資源

1 化石エネルギー
石油

世界でもっとも使われている化石エネルギーのひとつ、石油。エネルギーとしてはもちろん、暮らしのさまざまなところで使用され、欠かせない存在となっています。

特徴
- ▶ 運びやすく保存しやすい
- ▶ 国際的な市場取引が活発
- ▶ 二酸化炭素の排出がある

⚡ 世界中で使われる石油

世界で石油が一番とれる地域は、サウジアラビアをはじめとする中東諸国です。これら石油産出国が集まって、石油輸出国機構（OPEC）と呼ばれる組織を作っています。石油は、車や飛行機などを動かす燃料として使われることが一番多く、使われる量の60％以上を占めています。

■世界の原油生産の推移（地域別）

中東で一番多くとれるよ

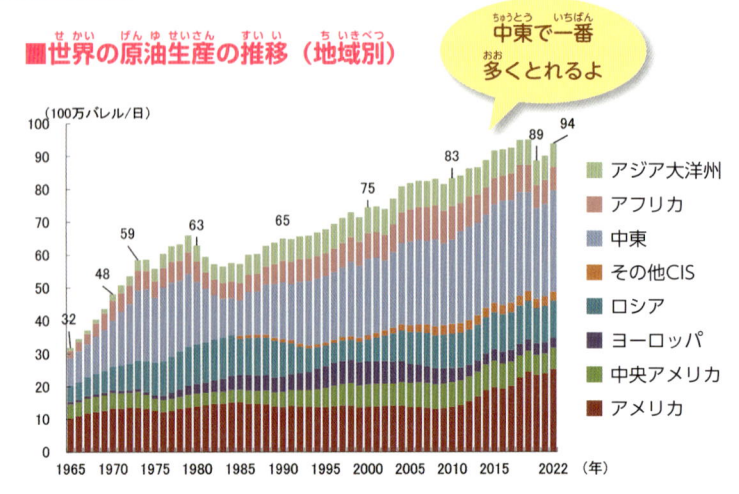

（100万バレル/日）

凡例：
- アジア大洋州
- アフリカ
- 中東
- その他CIS
- ロシア
- ヨーロッパ
- 中央アメリカ
- アメリカ

グラフ値（年）：1965:32、1970:48、1972:59、1980:63、1990:65、2000:75、2010:83、2017:89、2022:94

（注）1984年以前の「ロシア」には、その他旧ソ連邦諸国を含む。

出典：経済産業省「エネルギー白書2024」（図【第222-1-3】）
資料：Energy Institute「Statistical Review of World Energy 2023」を基に作成

⚡ 石油はどうやって日本にやってくるの?

日本では、使われているほぼすべての石油を輸入しています。日本にやってくる石油は、どこの国から、どうやって運ばれているのでしょうか?

■ 輸入元は中東がほとんど

日本で使用される石油の80%以上は、中東の国から輸入しています。東京タワーの高さと同じくらいの長さの超大型のタンカーで、約3週間かけて日本へと運ばれます。中東からインド洋を通り、途中シンガポールのマラッカ海峡を通過します。石油は、東南アジアの国からも輸入しています。

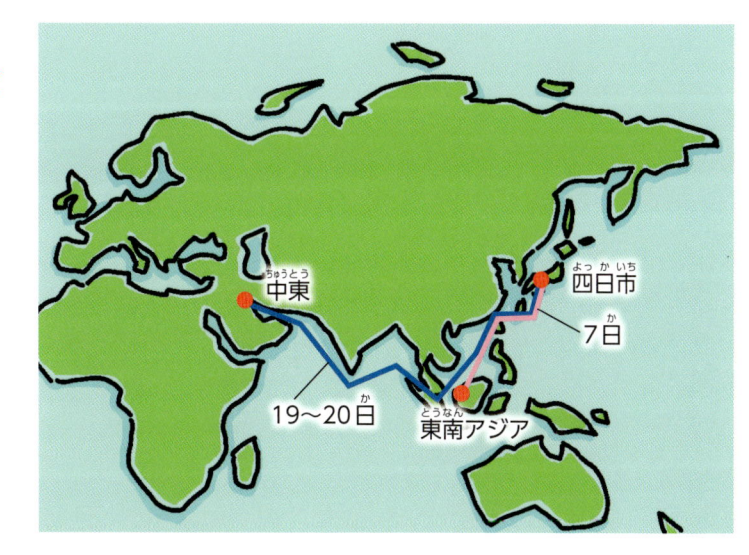

中東
四日市
7日
19～20日
東南アジア

⚡ 石油は暮らしに欠かせない

石油は一次エネルギーとして発電や、車や飛行機などを動かすためのエネルギーになるだけでなく、服やプラスチック製品など化学製品の原料にもなっています。

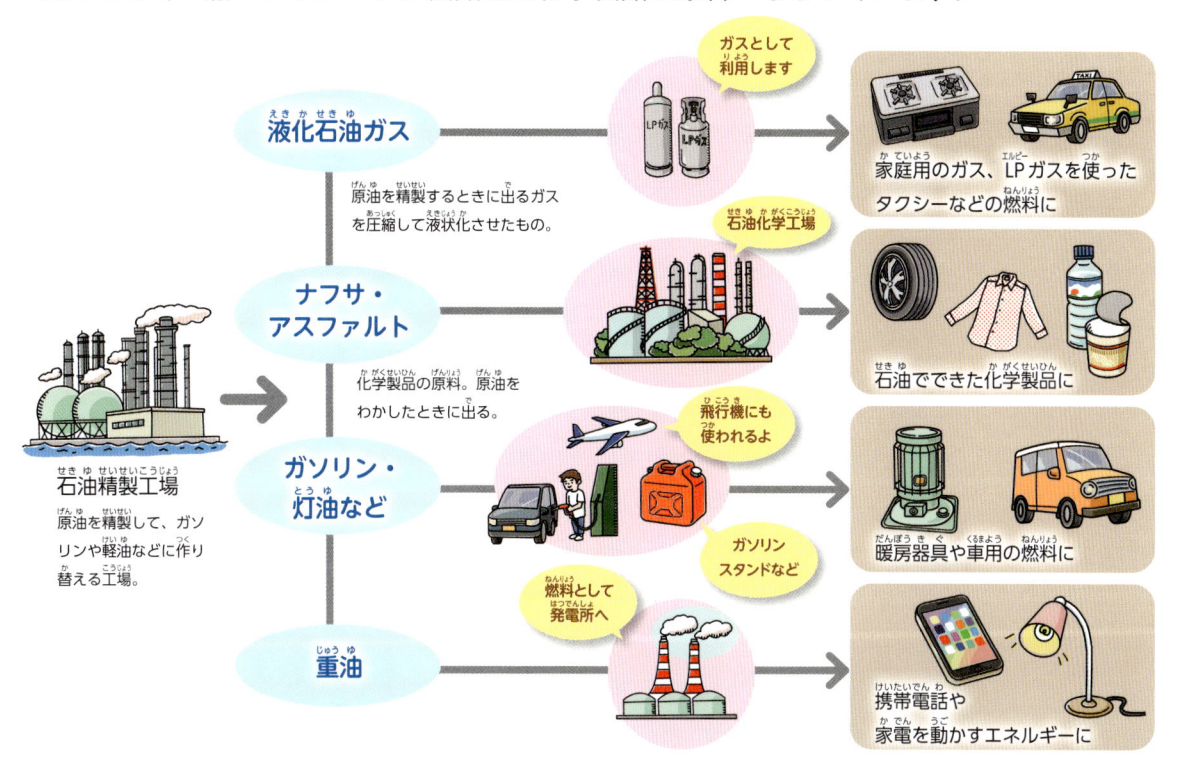

石油精製工場
原油を精製して、ガソリンや軽油などに作り替える工場。

液化石油ガス
原油を精製するときに出るガスを圧縮して液状化させたもの。

ガスとして利用します
家庭用のガス、LPガスを使ったタクシーなどの燃料に

ナフサ・アスファルト
化学製品の原料。原油をわかしたときに出る。

石油化学工場
石油でできた化学製品に

ガソリン・灯油など
飛行機にも使われるよ
ガソリンスタンドなど
暖房器具や車用の燃料に

重油
燃料として発電所へ
携帯電話や家電を動かすエネルギーに

エネルギー資源
2 化石エネルギー 石炭

世界のエネルギー革命を支え、産業革命のきっかけにもなった石炭は、今でも世界中で活躍する化石エネルギーのひとつです。

特徴
▶ 他と比べて値段が安い
▶ 世界の多くの場所で産出
▶ 環境へのダメージが心配

日本の石炭はほとんどが輸入

石炭は世界中で産出できるので、安く安定して利用することができます。日本では主に発電の燃料として使われていますが、ほとんどを輸入にたよっています。主な輸入先は、オーストラリアからが全体の70%以上、それからインドネシア、アメリカ、カナダなどです。

■日本の石炭の輸入先（2022年度）

一般炭　主に燃料に使われる

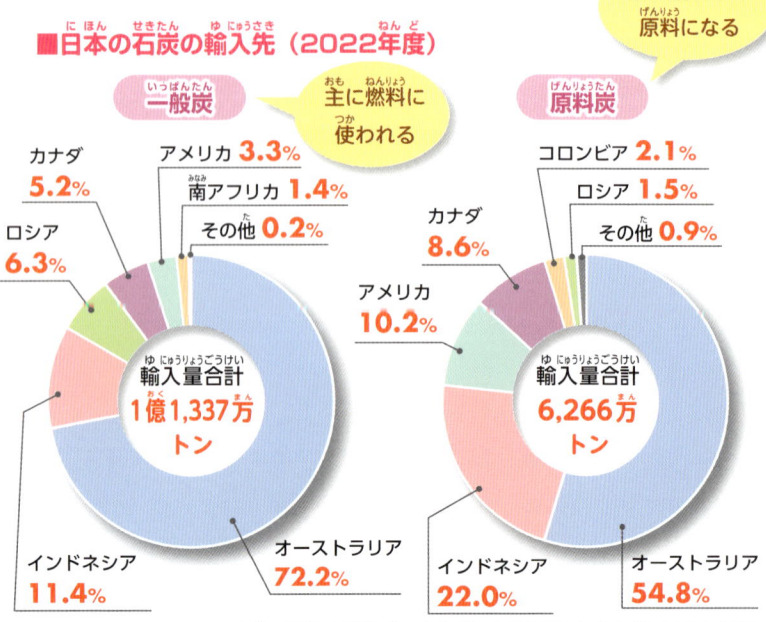

一般炭
カナダ 5.2%
アメリカ 3.3%
南アフリカ 1.4%
その他 0.2%
ロシア 6.3%
輸入量合計 1億1,337万トン
インドネシア 11.4%
オーストラリア 72.2%

主に鉄などの原料になる

原料炭
コロンビア 2.1%
ロシア 1.5%
その他 0.9%
カナダ 8.6%
アメリカ 10.2%
輸入量合計 6,266万トン
インドネシア 22.0%
オーストラリア 54.8%

出典：経済産業省「エネルギー白書2024」（図【第213-1-21】）
資料：財務省「日本貿易統計」を基に作成

⚡ 石炭にもいろいろな種類がある

　石炭にはエネルギーになるものや、水分が多めで鉄鋼の材料として使われるものなどがあります。自然の中での熱や圧力がちがいを生み出しています。

多い　少ない　発熱量・炭素　少ない

少ない　水分・き発分・酸素　多い

無煙炭　　瀝青炭　　亜瀝青炭　　褐炭

主な利用　発電燃料　　製鉄　　コンクリートなど

⚡ 石炭はどこで生産されている?

　石炭が世界でもっとも生産、消費されているのは中国です。日本も、かつては石炭で栄えた時代がありました。国内で生産している現役の炭田は、北海道釧路市にある「釧路コールマイン」のみとなっています。

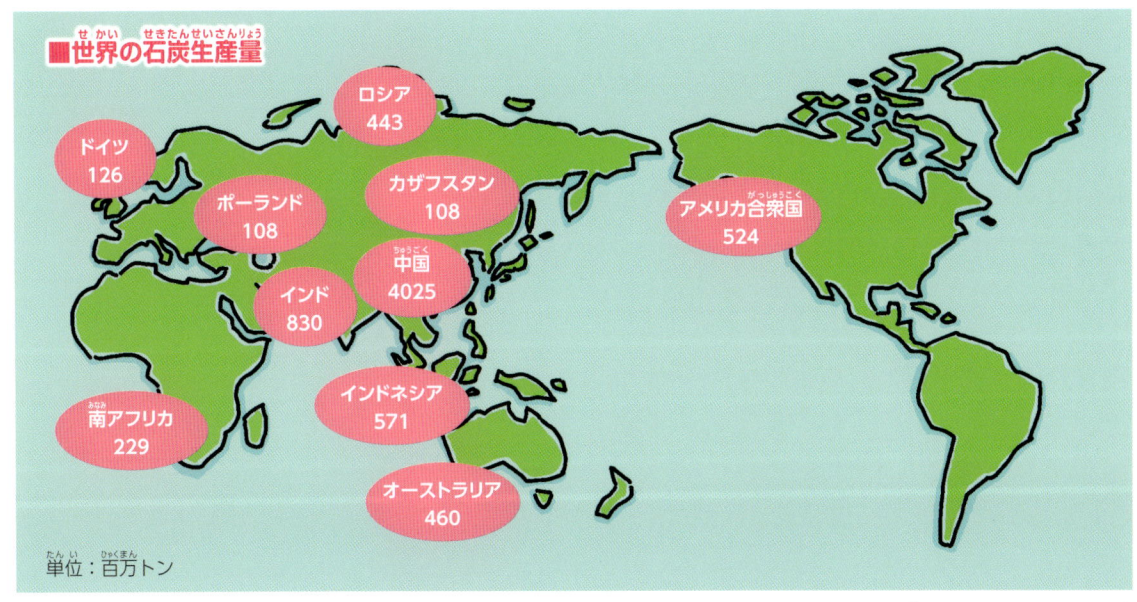

■世界の石炭生産量

ロシア 443
ドイツ 126
ポーランド 108
カザフスタン 108
アメリカ合衆国 524
中国 4025
インド 830
インドネシア 571
南アフリカ 229
オーストラリア 460

単位：百万トン

出典：IEA「Coal Information 2023」

エネルギー資源

③ 天然ガス
化石エネルギー

天然ガスは、他の化石エネルギーに比べると、二酸化炭素の出る量が少ないクリーンなエネルギーとして注目されています。

特徴
- ▶ 無色無臭のメタンガス
- ▶ 二酸化炭素排出が少ない

⚡ 二酸化炭素の出る量が少ない注目の存在・天然ガス

天然ガスは、石炭・石油に比べて二酸化炭素の出る量が少ないことから、世界中でクリーンなエネルギーとして注目を集めるようになりました。

天然ガスは世界中から採掘ができますが、中でもたくさんとることができるのは中東です。天然ガスの輸入は、基本的には産出国とパイプラインでつなぎます。

■世界の天然ガス確認埋蔵量（2020年末）

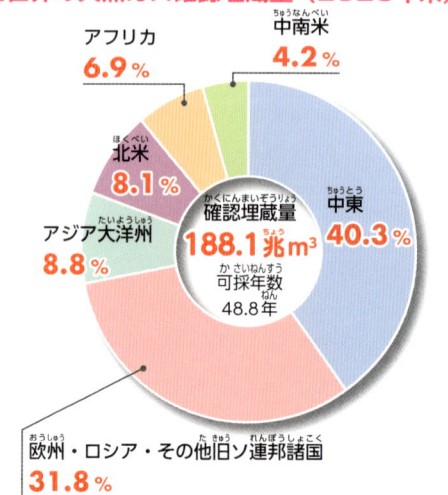

- アフリカ 6.9%
- 中南米 4.2%
- 北米 8.1%
- 中東 40.3%
- アジア大洋州 8.8%
- 欧州・ロシア・その他旧ソ連邦諸国 31.8%

確認埋蔵量 188.1兆m³
可採年数 48.8年

出典：経済産業省「エネルギー白書2024」（図【第222-1-12】）
資料：Energy Institute「Statistical Review of World Energy 2023」を基に作成（埋蔵量データは2022年版から更新なし）

天然ガスってどんなことに使われているの?

日本国内で使われている天然ガスの半分程度が、火力発電の燃料に使われています。残りは都市ガスや化学製品、産業用などに使用されています。

■日本国内　天然ガスの使いみち

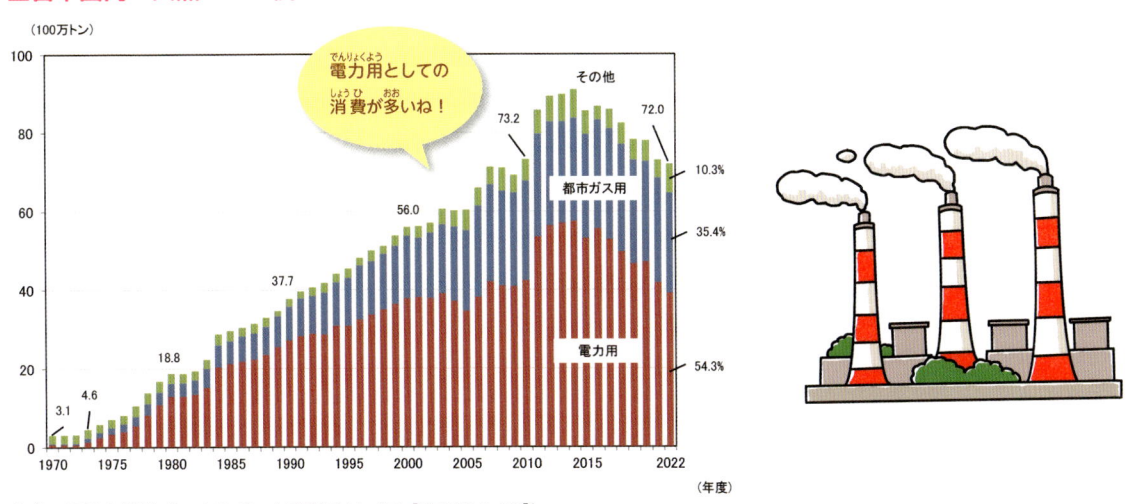

（100万トン）

電力用としての消費が多いね！

その他
73.2　72.0
56.0
37.7
18.8
4.6
3.1

都市ガス用　10.3%
35.4%
電力用　54.3%

1970　1975　1980　1985　1990　1995　2000　2005　2010　2015　2022（年度）

出典：経済産業省「エネルギー白書2024」（図【第213-1-12】）
資料：資源エネルギー庁「電力調査統計」、「ガス事業生産動態統計」、経済産業省「エネルギー生産・需給統計」、「資源・エネルギー統計」、
　　　財務省「日本貿易統計」を基に作成

天然ガスってどうやって採掘するの?

天然ガスがあるかもしれない場所に、井戸を掘るのと同じようにパイプを通しドリルで深く穴を掘ります。ガスがあれば、パイプを通して勢いよくガスが吹き出します。

石油は下のほうに、天然ガスは上にたまります

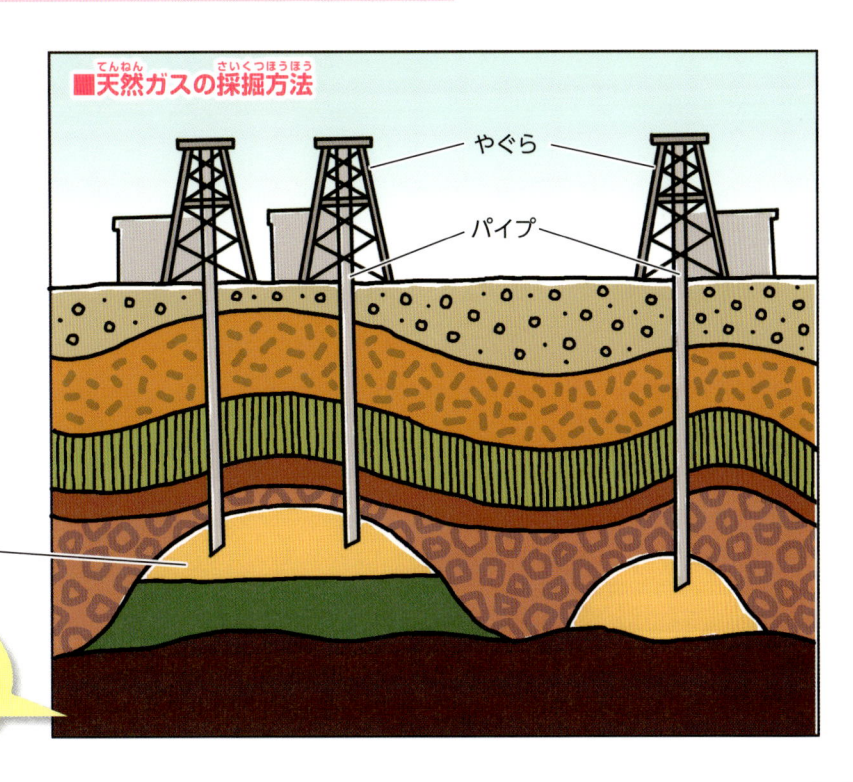

■天然ガスの採掘方法

やぐら
パイプ
天然ガス

天然ガスって日本にどうやって運ぶの?

外国で採掘された天然ガスは、気体から液体に変えてから専用のタンカーで運ばれます。日本でもう一度気体に戻し、ガスの臭いをつけてから家庭や工場に送られます。

掘り出しホヤホヤの天然ガス

汚いものを取り除ききれいにします

気体から液体にします

アメリカからカナダ、ロシアからヨーロッパなど、一般的に天然ガスはパイプラインで運びます。

専用タンクで保管されます

長旅へ出発!

ガス田

日本へ到着!

気体にし、臭いをつけます

電気やガスになって家庭や工場へ

発電用のガスに

※ガスは2週間分程度しか在庫が持てない。

シェールオイル・シェールガスのこと

シェールオイル・シェールガスとは、薄くはがれやすい「頁岩※1」の間からとれる石油とガスのこと。アメリカだけでなく、ヨーロッパやオーストラリア、アジアにもたくさん埋蔵されていることが知られていました。 ※1頁岩 粘土が固まってできた岩。やわらかく、薄い板状にはがれやすい。

しかし、深い地層にある頁岩を削るのに必要な技術がないために、採掘のコストが合わないとされてきましたが、2000年代初めにアメリカを中心に技術開発が進められ、頁岩に水圧でヒビを入れて、石油とガスを取り出す方法などが普及しました。

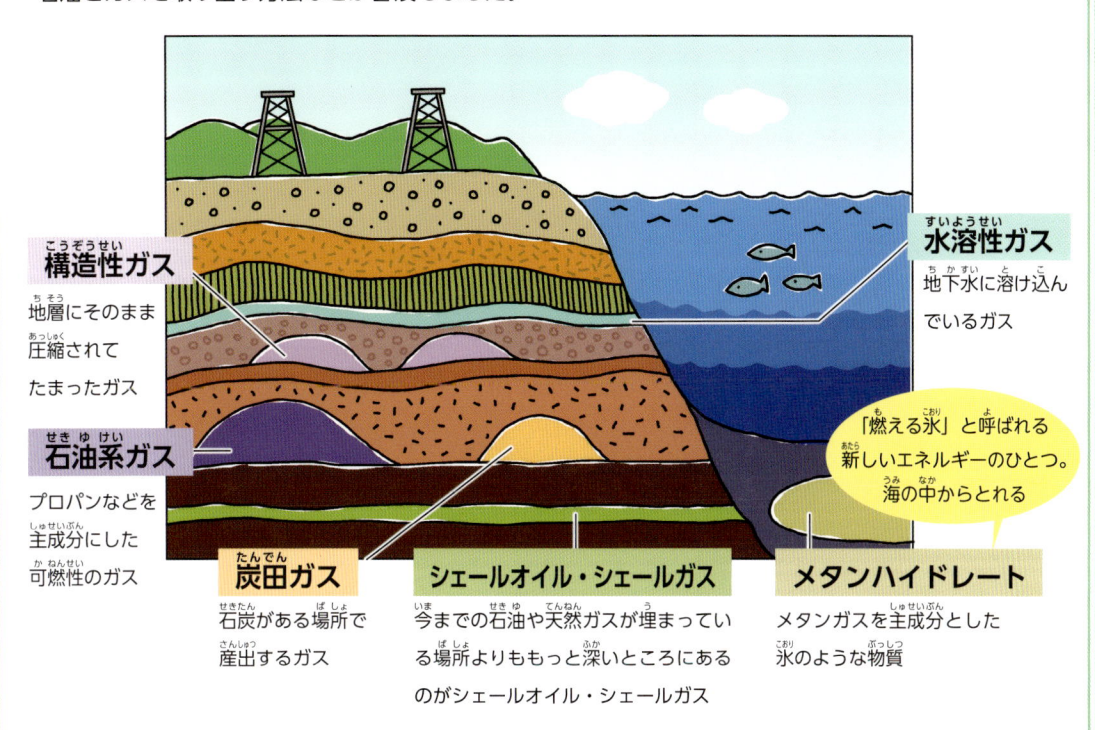

構造性ガス
地層にそのまま圧縮されてたまったガス

石油系ガス
プロパンなどを主成分にした可燃性のガス

炭田ガス
石炭がある場所で産出するガス

シェールオイル・シェールガス
今までの石油や天然ガスが埋まっている場所よりももっと深いところにあるのがシェールオイル・シェールガス

メタンハイドレート
メタンガスを主成分とした氷のような物質

水溶性ガス
地下水に溶け込んでいるガス

「燃える氷」と呼ばれる新しいエネルギーのひとつ。海の中からとれる

■アメリカのシェールオイル生産の推移

地中深くの石油やガスを掘り出す技術の開発により、アメリカの天然ガス生産量は世界一となり、世界のエネルギー事情を変えました。これがシェール革命です。シェール革命によりアメリカではガスが安く手に入り、石炭よりもガスを使うようになったことで、二酸化炭素の削減が進みました。

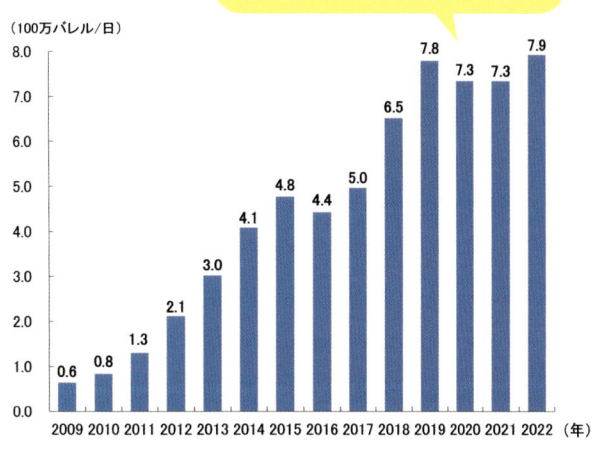

シェール革命はコロナの流行や二酸化炭素の問題などにより動きが小さくなりました

(100万バレル/日)

年	値
2009	0.6
2010	0.8
2011	1.3
2012	2.1
2013	3.0
2014	4.1
2015	4.8
2016	4.4
2017	5.0
2018	6.5
2019	7.8
2020	7.3
2021	7.3
2022	7.9

出典：経済産業省「エネルギー白書2024」（図【222-1-5】）／資料：EIA「Tight oil production estimates」を基に作成

エネルギー資源

非化石エネルギー

4 ウラン

⚡ 原子力発電のエネルギー源

天然ウランは、ウラン鉱山でとれる鉱石を加工したものです。ウランの核分裂で発生する強い熱エネルギーを、発電に利用しています。放射性物質を大量に出すため、人体に影響を与えないよう安全管理に十分な注意が必要です。

⚡ ウランはどこで生産しているの?

ウランは石油とちがって、世界中いろいろなところで採掘できますが、特に生産量が多いのがカザフスタンです。日本はウランも輸入にたよっています。

ウラン生産ランキング

- 1位　カザフスタン
- 2位　カナダ
- 3位　ナミビア

■世界のウラン生産（2022年）

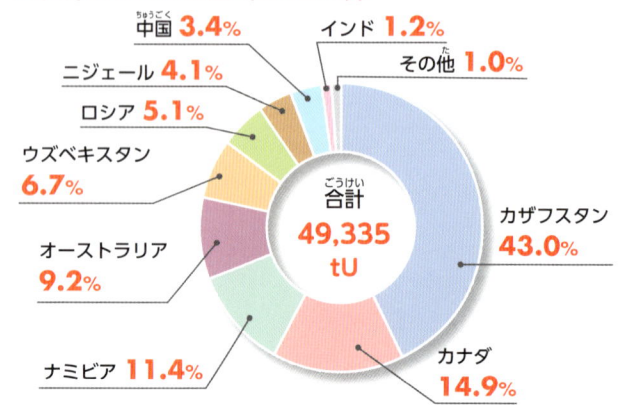

合計 49,335 tU

- 中国 3.4%
- インド 1.2%
- その他 1.0%
- ニジェール 4.1%
- ロシア 5.1%
- ウズベキスタン 6.7%
- オーストラリア 9.2%
- ナミビア 11.4%
- カザフスタン 43.0%
- カナダ 14.9%

出典：経済産業省「エネルギー白書2024」（図【第222-2-5】）
資料：世界原子力協会（WNA）ホームページを基に作成

⚡ ウランはどのようにしてエネルギーを作るの?

すべての物質は「原子」でできています。ウランの原子に、中性子という物質をぶつけて核分裂を起こし、それをくりかえすことで大きな熱エネルギーを生み出します。

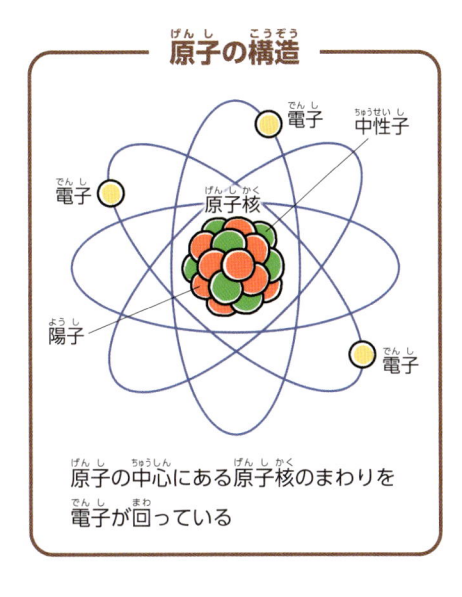

原子の構造

電子
中性子
電子
原子核
陽子
電子

原子の中心にある原子核のまわりを電子が回っている

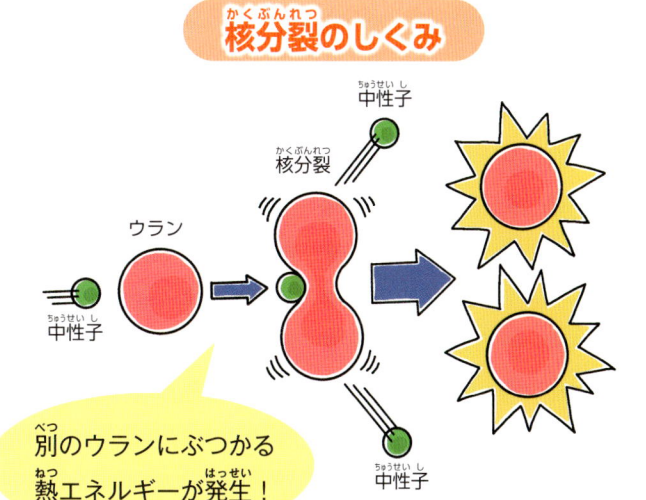

核分裂のしくみ

中性子
核分裂
ウラン
中性子
中性子

別のウランにぶつかる熱エネルギーが発生!

⚡ 原子力発電のしくみ

水の入った原子炉の中で核分裂を起こし、出た水蒸気でタービンを回し発電します。

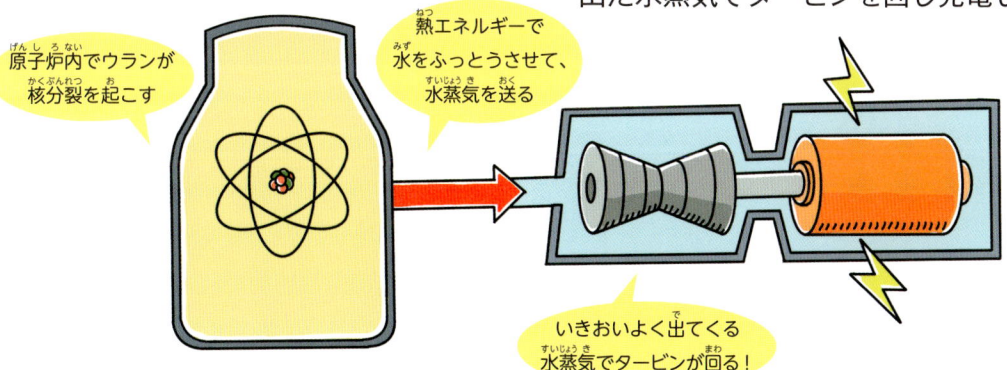

原子炉内でウランが核分裂を起こす

熱エネルギーで水をふっとうさせて、水蒸気を送る

いきおいよく出てくる水蒸気でタービンが回る!

ついでに勉強!
COLUMN

原子力のメリット・デメリットを考えよう!

メリット

・少ない原料で大きなパワーを生む。
・発電時に二酸化炭素を出さない。
・原料が安いので、その分、電気代も安くなる。

デメリット

・事故が起きないとは言い切れない。
・放射性物質を出すので安全管理が必要。

エネルギー資源

5 再生可能エネルギー

特徴
▶ 自然の現象が起こす力を使ったエネルギー
▶ 発電のとき二酸化炭素が出ない

再生可能エネルギー（再エネ）ってなに?

自然の現象が起こす力を利用したエネルギーです。太陽光、風力、水力などがあります。化石エネルギーとの一番のちがいは、発電のとき地球温暖化の原因になる二酸化炭素を出さないこと。発電用のエネルギーとして、新しい技術が次々と生まれています。

どうしてそんなに注目されるの?

世界の問題である地球温暖化。温暖化は、二酸化炭素などの「温室効果ガス」が原因のひとつであると言われています。この地球温暖化を食い止めるために、現在世界中で取り組まれているのが「温室効果ガス」削減です。再生可能エネルギーは、二酸化炭素を出さないエネルギーであることから、注目されているのです。

■主要国の発電電力量に占める再エネ比率の比較

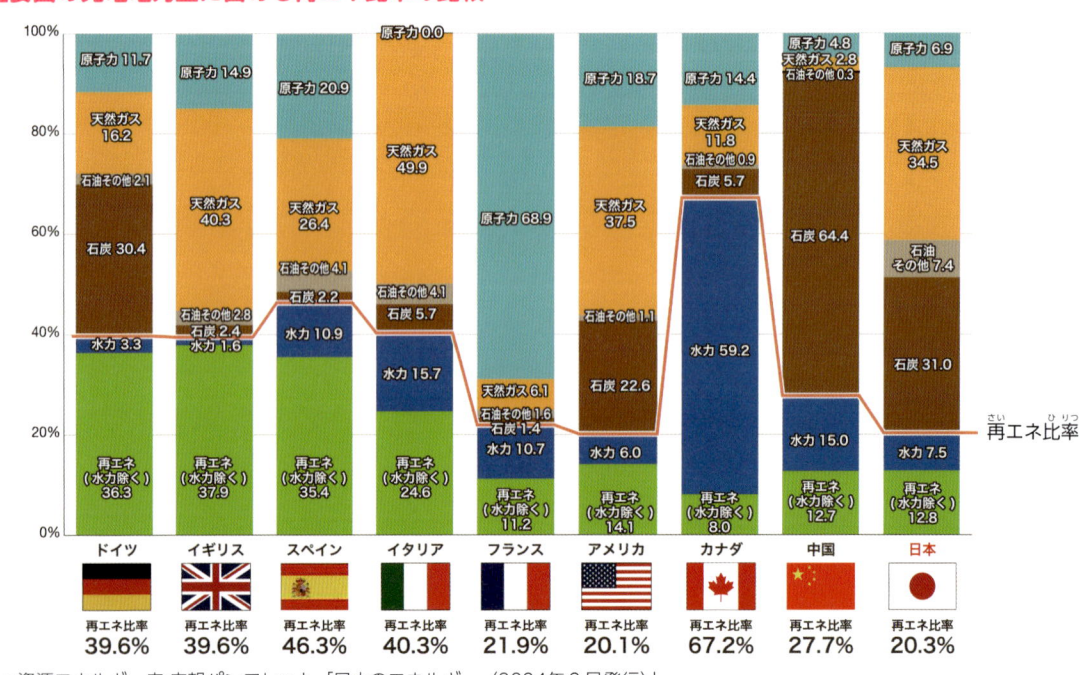

	ドイツ	イギリス	スペイン	イタリア	フランス	アメリカ	カナダ	中国	日本
再エネ比率	39.6%	39.6%	46.3%	40.3%	21.9%	20.1%	67.2%	27.7%	20.3%

出典：資源エネルギー庁 広報パンフレット「日本のエネルギー（2024年2月発行）」
IEA「Market Report Series - Renewables 2022（各国2021年時点の発電量）」、IEAデータベース、総合エネルギー統計（2021年度確報値）等より資源エネルギー庁作成

⚡ どんな種類があるの?

　再生可能（さいせいかのう）エネルギーは、すべて自然（しぜん）の力（ちから）を利用（りよう）しています。風力（ふうりょく）、水力（すいりょく）、太陽光（たいようこう）などを中心（ちゅうしん）とし、最近（さいきん）では地熱（ちねつ）やバイオマスなどの利用（りよう）も実用化（じつようか）されています。

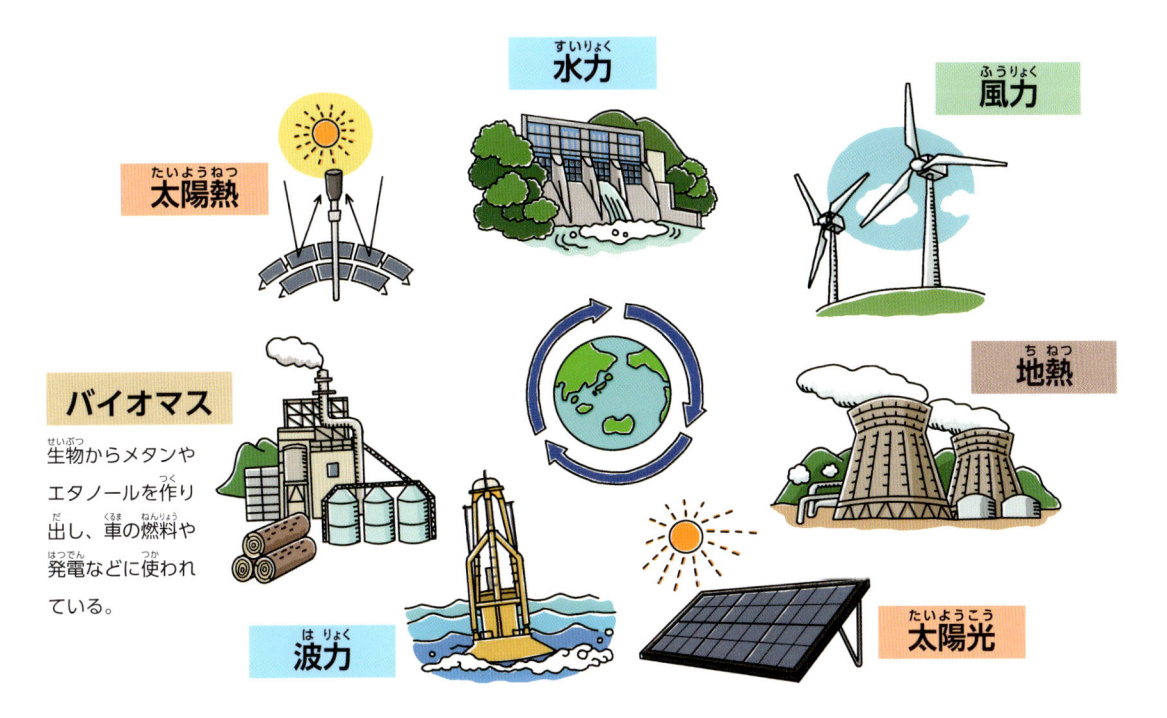

太陽熱（たいようねつ）

水力（すいりょく）

風力（ふうりょく）

バイオマス
生物（せいぶつ）からメタンやエタノールを作（つく）り出（だ）し、車（くるま）の燃料（ねんりょう）や発電（はつでん）などに使（つか）われている。

波力（はりょく）

地熱（ちねつ）

太陽光（たいようこう）

⚡ 再生可能（さいせいかのう）エネルギーの代表選手（だいひょうせんしゅ）を教（おし）えて!

　水（みず）の力（ちから）を使（つか）った水力発電（すいりょくはつでん）、風（かぜ）の力（ちから）を使（つか）った風力発電（ふうりょくはつでん）は、昔（むかし）からある方法（ほうほう）です。太陽光発電（たいようこうはつでん）も最近（さいきん）たくさん設置（せっち）されるようになりました。

水力（すいりょく）

水（みず）が流（なが）れる力（ちから）を利用（りよう）して水車（すいしゃ）を回（まわ）し、発電（はつでん）します。

風力（ふうりょく）

風（かぜ）で風車（ふうしゃ）を回（まわ）し、その力（ちから）を利用（りよう）して発電（はつでん）します。

太陽光（たいようこう）

太陽（たいよう）の光（ひかり）を専用（せんよう）パネルにあて発電（はつでん）します。

（注）大規模（だいきぼ）な水力発電（すいりょくはつでん）については自然環境（しぜんかんきょう）を破壊（はかい）するとして、再生可能（さいせいかのう）エネルギーからは外（はず）して考（かんが）える場合（ばあい）もあります。

まとめ

エネルギーってなんだろう

エネルギーは、ものを動かしたり、光や熱を出したりする力のこと。私たちが生活するために、欠かすことのできないとても大切なものです。

エネルギーの種類

光エネルギー	： 光によって発生する動かす力のこと。
熱エネルギー	： 熱によって発生する動かす力のこと。
運動エネルギー	： 動くことで発生する力のこと。
電気エネルギー	： 電気によって発生する動かす力のこと。
化学エネルギー	： 化学変化によって発生する動かす力のこと。
位置エネルギー	： 高いところにあるものが持つ力のこと。

などいくつかの種類があります。

いろいろなエネルギー資源

化石エネルギー	： 石油、石炭、天然ガスなど
非化石エネルギー	： ウラン、自然エネルギーなど

日本はほとんどを輸入にたよっています。

エネルギー資源をくわしく

化石エネルギー

❶石油 世界でもっとも使われている。国際的な市場取引が活発。

❷石炭 世界の多くの場所で産出可能。他と比べると値段が安い。

❸天然ガス 無色無臭のメタンガス。

化石エネルギーの中では二酸化炭素の排出が少ない。

非化石エネルギー

❺ウラン 少しの量でたくさんのエネルギーを出せる。安全な管理が必要。

❻再生可能エネルギー 自然の現象が起こす力を使ったエネルギー。

おわりに

　この本では、石油、石炭、天然ガスなどのエネルギー資源がどのようにして作られたのか、また、それらが私たちの生活にどれだけ大切かを学びました。

　エネルギー資源は、何億年もかけて地球が育んだ貴重なものです。

　そして、これらエネルギー資源は、無限に存在するわけではなく、使いすぎてしまうと地球環境が変わることもあり、そしていずれは枯渇してしまうのです。ですから日々の暮らしの中で、電気やガスを無駄にしないことを心がけるなど、自分ができることは何かを考えながら生活することがとても大切です。

　近年では、太陽光や風力、水力など、自然の力を使った新しい再生可能エネルギーも広がりつつあります。このような未来のエネルギーについても、ぜひ興味をもってほしいと思います。

　この本で学んだことを、家族や友だちとも話し合ってみてください。そして、エネルギーのことを、暮らしの中で意識しながら生活してみてください。

⚡ さくいん

監修 竹内純子 (たけうちすみこ)

NPO法人国際環境経済研究所理事・主席研究員／東北大学特任教授／
U3イノベーションズ合同会社共同代表

東京大学大学院工学系研究科にて博士（工学）取得。慶應義塾大学法学部法律学科卒業後、東京電力株式会社で主に環境部門に従事した後、独立。複数のシンクタンクの研究員や大学の客員教授、内閣府規制改革推進会議やGX実行会議など、多数の政府委員を歴任。気候変動に関する国連交渉（COP）にも長く参加し、環境・エネルギー政策提言に従事。2018年10月、U3イノベーションズ合同会社を創業。スタートアップと協業し、新たな社会システムとしての「Utility3.0」を実現することを目指し、政策提言とビジネス両面から取り組む。

●主な著書

『誤解だらけの電力問題』（WEDGE出版）（エネルギーフォーラム賞普及啓発賞受賞）
『原発は"安全"か たった一人の福島事故報告書』（小学館）
『エネルギー産業の2050年 Utility3.0へのゲームチェンジ』（日本経済新聞出版社）（エネルギーフォーラム賞優秀賞受賞）など

●参考文献

『電力崩壊—戦略なき国家のエネルギー敗戦』竹内純子著（日経BP社）／『誤解だらけの電力問題』竹内純子著（WEDGE出版）／『イラスト&図解 知識ゼロでも楽しく読める！ エネルギーのしくみ』一般財団法人 エネルギー総合工学研究所監修（西東社）／『みんなが知りたい！ 地球の資源とエネルギーのしくみ 利用の歴史から脱炭素社会のことまで』「子どもと地球資源」研究会著（メイツユニバーサルコンテンツ）／『今日からモノ知りシリーズ トコトンやさしいエネルギーの本 第3版』山﨑耕造 著（日刊工業新聞社）／『図解 未来を考える みんなのエネルギー 1身近なエネルギーをさがしてみよう』明日香壽川監修、小泉光久編著（汐文社）

エネルギーと私たちの暮らし
①いろいろなエネルギー

2025年2月15日 第1版第1刷©

監 修	竹内 純子
発行者	長谷川 翔
発行所	株式会社 保育社
	〒532-0003
	大阪市淀川区宮原3-4-30
	ニッセイ新大阪ビル16F
	TEL 06-6398-5151　FAX 06-6398-5157
	https://www.hoikusha.co.jp/
企画制作	株式会社メディカ出版
	TEL 06-6398-5048（編集）
	https://www.medica.co.jp/
編集担当	中島亜衣／二畠令子
編集協力	坂本京子／佐々木裕／池田真由子
	（ニシ工芸株式会社）
装 幀	塚野初美
本文デザイン	小林友利香
本文イラスト	佐藤右志／ちべ
写 真	PIXTA
校 閲	株式会社文字工房燦光
印刷・製本	日経印刷株式会社

ISBN978-4-586-08699-3　　　　　　　　　　　　　Printed and bound in Japan

乱丁・落丁がありましたら、お取り替えいたします。